Madame Cherry

マダム・チェリーの「人生が楽しくなるおしゃれ」

マダム・チェリー 著

講談社

はじめまして、マダム・チェリーでございます

マダム・チェリー――みなさんが、私をそんなふうに呼んでくださるようになった経緯から、まずお話ししましょうか。

50代も半ばにさしかかった頃、何かしなければと思い立った私は、能天気な冒険心に背中を押され、専業主婦時代に身につけたケーキを焼くささやかな技術だけを携えて、カフェを始めました。場所は、兵庫・芦屋の住宅街。以来20年近く、週6日、ケーキを焼いてお客さまをお迎えしています。シフォンケーキがちょっとした自慢です。店の名は「ラ・スリーズ」。フランス語でさくらんぼ、そう、チェリーです。

さて、70代が目前に迫った頃のこと。「モデルをお願いできないか」という思いがけないご依頼をいただきました。戸惑ったものの、ご縁を感じて挑戦してみようと決意。初めての撮影は、なんと私の70歳の誕生日でした。70歳のモデルに、ブランドのオーナーデザイナーの方が授けてくださった名前、それが「マダム・チェリー」だったのです。

それから、さらに2年の齢《よわい》を重ねて、私、しみじみ思うのです。今が、いちばんおしゃれが楽しい！　と。

子供の頃から、ずっとおしゃれが大好きでした。若い頃は、ブランドものにもずいぶんと散財したものです。失敗もたくさんしました。迷走した時代もあります。そうして蓄えた数多《あまた》の経験が、今、自信や知恵となって私のおしゃれを支えているのだと思います。

服も小物も、私と共に歩んできた大好きなものばかり。どう組み合わせようかと思いを巡らすだけでも心が弾みます。そんなふうに楽しい気分でコーディネートした、日々のおしゃれを見ていただこうと思います。そうそう、最近始めたインスタグラムからも披露させていただきますね。

おしゃれをして、さあ、今日はどこへ出かけましょう。

おしゃれをする前に、とても大事な3つのこと

Cherry's motto 1

「老化は進化」と心得る

年を重ねるごとに、日々衰えには抗えず、
老いとともに失うものも少なくはありません。
そのかわり、深まりゆく人生とともに手にしたのは、
たくさんの経験や、若い頃には持ちえなかった自信です。
自分のことをいちばんよくわかっているのは、ほかの誰でもない自分。
自分が好きなものがいちばん似合う、が私のモットーです。
何が好きなのか、それから自分の肌や目の色、髪のくせ、骨格。
長い時間をかけて付き合ってきた自分と、積み重ねた好きなもの。
若い頃よりクリアな今のほうが、無敵ではありませんか。
人は日々進化します。
昨日よりも今日、今日よりも明日、おしゃれもメイクも、
上手になってさらにきれいになると、私は信じています。

Cherry's motto 2

一人の女性としての自分を取り戻す

振り返ってみると、子育てをしていた時代のおしゃれは、
今よりも確実にオバサンっぽかったと思います。
お受験には、それなりの装いで。
場を乱す格好で、娘が居心地の悪い思いをしないように。
私なりにちっちゃく主張はしていたつもりですが、
色は紺やグレイ中心、アクセサリーもつけませんでした。
子育てがひと段落して、シンプルなワンピースに
きれいなショールをまとってアクセサリーをつけたとき、
ああ、おしゃれって楽しい！　言いようのない喜びに包まれました。
子供のために捧げた時間は人生の大事な一幕です。悔いはなし。
それでも、母でもなく妻でもなく、ただ一人の女性として
おしゃれをする今を日々慈しみ、自由を謳歌したいと思うのです。

Cherry's motto 3

今日を大切に、毎日笑う

そもそも年齢には無頓着。自分が70代ということは自覚していますが、
じゃあ、この先どんな80代になりたいかなんて考えもしません。
だいたい生きているかどうかもわからないでしょう。
そのときそのときを受け入れながら、今日を大切に過ごすだけ。
たとえば、家でお茶を飲みながら、家族ととりとめのない
おしゃべりをして笑い合う。そんな平々凡々とした時間が、
たまらなく幸せだと、近頃つくづく感じます。
心に満ちた幸せ感は、おのずと表情に表れるもの。
内なる幸せを湛えた人が、本当に美しいと思います。
どんなにきれいな服を着て、素敵にメイクしたところで、
かなうものではありません。おしゃれは人の本質を映します。
さあ、毎日笑って、楽しくまいりましょう。

第2章
マダム・チェリーのグレイヘア論

第3章
顔よりも心に効かせるアンチエイジング

第4章
愛しいマイライフ

目次 CONTENTS

第1章

今だからこそ、おしゃれは楽しい！

Have Fun with Fashion

ずっと好きなものが、自分に似合うもの。
好きなものは自分にしかわかりません。
年齢を重ねて、おしゃれの経験もいっぱい蓄えて。
流行やお仕着せの情報なんかに振り回されないで、
もっと自由に、おしゃれを楽しみましょう。

RED LIPSTICK

「赤い口紅は、元気と華やぎの特効薬よ」

カフェで仕事をする日もお出かけするときも、最近口紅はほぼ赤と決めています。少し前までは、服の色や気分に合わせて色を変えていたのだけれど、ベージュなんかを塗っていると、娘に「元気がない。具合でも悪いの？」と言われる始末。この年齢になると、何より元気に見せることは大切ね。たかが口紅と侮るなかれ。赤は、元気のための最高の特効薬です。メイクの最後にひと塗り、をどうぞお忘れなく。

それに何といっても華やかでしょう。赤が加わると、くすんだ肌にもぱーっと華やぎが生まれます。赤い口紅は、ひと粒のダイヤモンドにも勝るすばらしいアクセサリーだと思います。

たとえ時間がなくても、眉を整えて赤い口紅を塗るだけで、ちゃんと「メイクした印象」をつくることもできますしね。簡単でしょう。もし無人島に持っていくとしたら、私は断然赤い口紅。あ、アイブロウも忘れちゃダメね。

白シャツが大好き。カフェを始めた頃は、まるで制服のように毎日白シャツを着て仕事をしていました。白シャツは、私にとって永遠の定番。アクセサリーをちりばめて、仕上げに真っ赤なリップをひく。70代の今、いちばん私らしい白シャツの着こなしだと思います。

「チェリー流リップメイクは重ね塗りが基本です」

赤い口紅は数えきれないくらい持っています。値段は関係ありません。色味の違う赤をたくさん揃えて、その都度2～3色をミックスして使います。たとえば、鮮やかな赤を全体に塗って、少し深めの赤で輪郭をとる、といった具合にね。ちょっとしたさじ加減で仕上がりはぐんと変わるもの。お料理と同じです。

質感は、あくまでもマットに。グロスで仕上げたツヤツヤの唇は、若い方には似合うと思うけれど、年齢を重ねた肌には正直厳しいのではないかしら。

もうひとつ。紅筆を使っていらっしゃいますか？ 紅筆で輪郭をとることは、とても大事。少しだけ大きめにふっくらと、がお約束です。

私は、朝、口紅を塗ったら一日中そのまま。お直しは必要ありません。一度きちんと塗ってしまえば、案外もつものですよ。

ため息が出るくらい美しいレースのドレスは、エルマンノ・シェルヴィーノのものです。これほどに完成されたブラックドレスに、余計なアクセサリーは必要ありません。黒に映える鮮やかな赤。赤い口紅は、やっぱり最高のアクセサリーだと思いませんか。

4

3

2

1

1 真っ赤なKENZOのコートは昔パリで買ったもの。素敵な服は時を超えます。**2** 対照的な色を合わせるのも赤を着こなすコツ。たとえば赤×黒。**3** 赤いシフォンのブラウスにプリントシャツを重ねて。赤を全身に繰り返します。 **4** 小さい面積でもぴりりと効く色。 **5** これも赤と黒の組み合わせ。**6** デニムの足元はビジュー付きのパンプス。きれいな色の靴がいいアクセントに。

6

5

赤は、私のおしゃれに欠かすことのできない大切な色です。口紅が赤ならネイルも赤。着るものだけでなく、インテリアを見渡すと食器棚も冷蔵庫も赤。昔からずっと身近にある大好きな色なのです。

若い頃は、手袋や靴など小物に小さく赤をあしらうことが多かったように思います。でもだんだん、ニットやコートなど赤という色そのものをまとうことが増えてきました。それもやはり、赤という色が持つエネルギーを取り込んで自分を生き生きと見せたい。そんな気持ちが働いているからなのでしょうね。

強い色だけれど、赤は上手に使うと、着る人にとってすごくいい主張になるのではないかと思います。

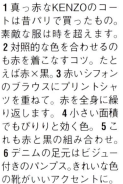

POWER OF RED

「口紅だけじゃない。マダムのおしゃれに赤の効果は絶大！」

空模様が今ひとつの日も、赤のトレンチコートをまとえば憂鬱な気分も吹き飛んで、ご機嫌に過ごせそうな気がします。見た目にも心にも赤という色がもたらす効果は絶大。「いい年をして」なんてひるまないで。赤を味方につけて、おしゃれを楽しみましょう。

に
ダメよ」

普段着から最高峰のオートクチュールまで。黒ほどふり幅の大きい色はないのではないかしら。巷に溢れていますから、誰でも簡単に手に取ってパッと着ることができる。それだけに服そのもののデザインを吟味したり、着こなしに自分なりの工夫をしたりする努力が必要な色だと思うのです。

私は、黒はエレガントに着るのがい

Elegant

襟元のパールがなかったら、このワンピースは選びません。ネックレスやストールを合わせたところでのぞく肌が寒々しく見えてしまうから。パールもこれくらい主張があれば喪服にはならないでしょ。ディテールの見極めは大事。ストッキングはきれいなレースを。

GORGEOUS BLACK

「黒はお地味
着ちゃ

ちばん好き。でも、ある程度の年齢で安易にパールを合わせたりすると喪服っぽくなってしまうから要注意ね。黒は華やかに盛り上げて、ときには遊び心たっぷりに着てあげないと。

それから、よく黒の強さを敬遠して紺に流れるという話も聞きますが、紺こそおしゃれ感がないと着こなせないとても難しい色。甘く見てはダメよ。

Cute

ギンガムチェックってかわいいわね。モノトーンコーディネートは『麗しのサブリナ』のオードリー・ヘップバーンのキュートな着こなしをイメージ。上半身にボリュームのあるシルエットをもってきたら、ボトムは必ずタイトにね。太めのパンツは野暮というもの。

COLOR × COLOR

「きれいな色をてんこ盛り、も楽しいわ」

年配向けの服って、どうしてくすんだ曖昧色が多いのでしょう？　まるで「年をとったら派手な色は似合いませんよ。控えめで目立たない色を着ましょう」という大合唱が聞こえてくるみたい。そんな誰が決めたかわからないルールに惑わされず、どんどん自分の好きな色を着ましょうよ。

私は暖色系の色が好きです。安らぐからかしら。きれいな色を身にまとうと、心の内側から笑みがこぼれるよう。色遊びは本当に楽しい。とはいえ、組み合わせには気を配ります。紫と赤といった、いってみれば「いとこ同士」みたいな色を合わせたり、ときにはオレンジと青のような反対色でコントラストをつけたり。心地よくおしゃれするためのマイルールです。

よく「好き」と「似合う」は違うともいいますが、私はそんなふうには思いません。自分が好きかどうかがすべて。「好き」と思ったら、絶対似合うのです。自信をもって！

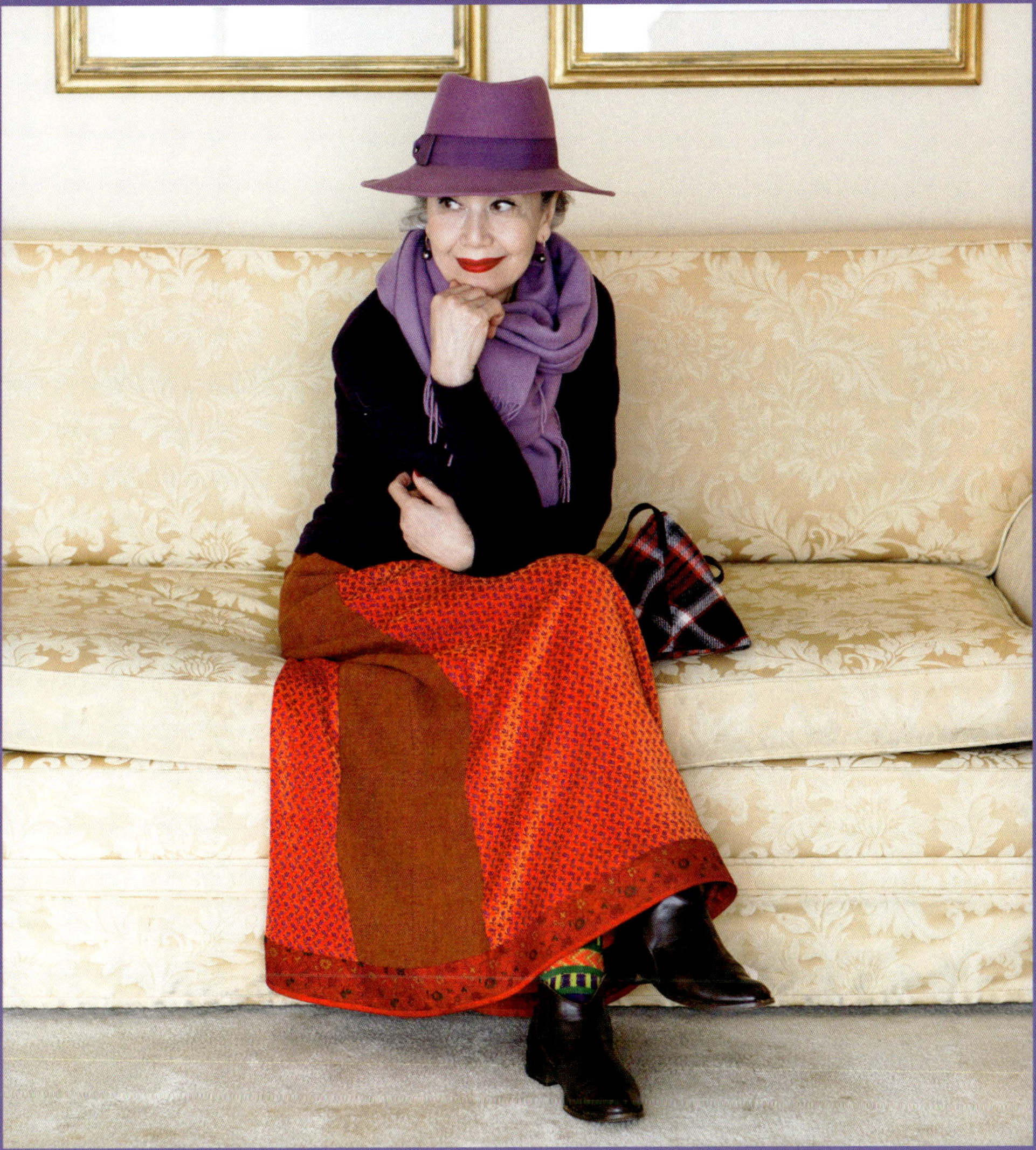

Purple × Red

［紫と赤］

紫のカーディガンにラベンダー色のハットとストール、スカートには大好きな赤を合わせました。ちらりと見えるソックスが小さなアクセントに。賑やかな色だけれど、ちゃんとスカートの色が入っているの。フォークロア調のスカートは40年くらい前のKENZOです。

Orange × Green

[オレンジと緑]

オレンジのコーディネートを鮮やかに印象づけるのは、グリーンのネックレス。なじませすぎはつまらない、かといってとんでもない色を合わせるのはNG。「いとこ」ぐらいが効果的です。ジレは素肌に着れば夏のトップスとして活躍します。これはエスカーダのもの。

Blue×Orange

［青とオレンジ］

オレンジと青は反対色。インパクトがありながら、白の効果で爽やかにまとまりました。オレンジのツインニットはJ.クルー。ストライプのスカートはイッセイ ミヤケ。首元にも青をもってくるのがポイントです。バッグはスカートのストライプを意識して選びました。

SIMPLE DRESS

「何よりときめくのは、シンプルなワンピース」

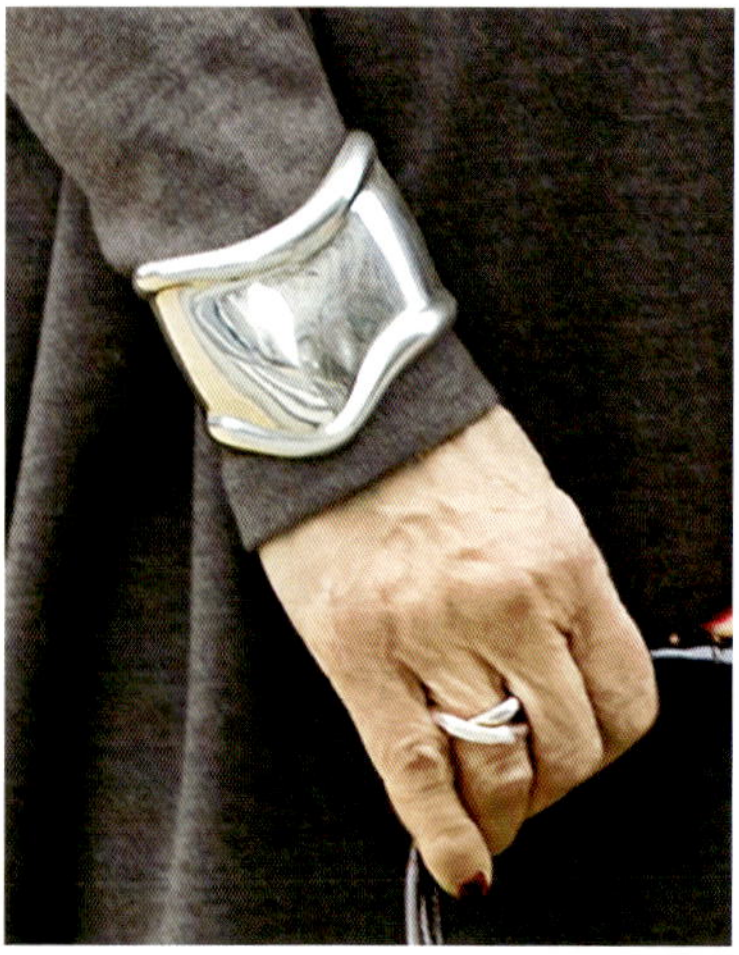

体をすっぽりと包みこむコクーンシルエット。ドゥサンのシンプルなワンピースをベースにシルバーのアクセサリーや刺繍入りのブーツをコーディネート。ピアスとリングは日本人ディレクターとフランス人デザイナーが手がけるブランイリスのもの。立体的なフォルムがモダンな印象です。

観劇には、スーツかワンピースで出かけます。ワンピースは、私のワードローブに欠かせない存在。シンプルで美しいワンピースに、たまらなく女心をくすぐられるのです。

ワンピースを選ぶときのポイントは、まず色です。黒や紺などベーシックな色が多いわね。それからデザインがシンプルでシルエットが洗練されていること。どんなふうに着回しができるか、じっくり考えます。スカート丈は、バランス的にやっぱり膝下がベストかしら。中途半端な丈で迷ったときは、持っている靴を合わせられるかどうかが決め手となります。

ただ着て終わり、ではなく、おしゃれの土台となるような、想像力をかき立てられる出会いにときめきます。

ノースリーブのワンピースはヴァレンティノ。胸元のカッティングといい、シルエットといい、本当にきれい。夏のお出かけには、白のジャケットを軽くはおって。これ以上の色をいたずらに足す必要はありません。シルバーとダイヤモンドの涼やかな白い光があれば十分。

シチリアに旅行したとき、パレルモのエルメスでひと目惚れ。使わないかもしれないけれど、これが欲しい！なんていう衝動買いは滅多にないこと。それほどに心奪われたカシミアのショールです。甘い色合いのツイードのワンピースに合わせてみました。

鮮やかな色に美しい絵柄。スカーフほど役に立つ小物は、ほかにはちょっと見当たりません。首元に巻いたり、さらりとはおったり、バッグに結ぶのも素敵ね。私はターバンにもよく使います。豊かな彩りやシルクの艶やかさは、目や手に触れるだけでもうれしいけれど、顔の近くにもってくることで、ぱっと明るく表情まで変えてくれる力があります。スカーフ一枚で遊べる楽しみを心に留めて日々の装いに生かすことで、おしゃれ度がぐんと上がるのではないかと思います。

私の定番はエルメス。ずいぶんと長い付き合いね。それとイタリアの名門テキスタイルメーカー、マンテロも気に入っています。発色がきれいなの。

みなさん、引き出しの奥を探せば数枚は見つかるのでは？　眠らせておくなんてもったいないですよ。今すぐ取り出してみてください。

SCARF MAGIC

「スカーフを使わないなんて損！」

Large Shawl

「大きな面積で色を楽しみましょう」

エルメスのカシミアショールは大判なので、巻きもの、はおりものとして大活躍です。

黒のコーディネートにショールを巻いて華やかさをプラス。映りのいい赤を顔周りにもってくるといいわね。

大判のショールは、ジャケットやカーディガンに勝るとも劣らないすぐれもの。服にもってくるには少し躊躇するような鮮やかな色、それから、いろいろな表情が引き出せそうな多色使いも使い勝手がいいと思います。かさばらないので旅行のときに何枚かバッグに入れておくと、とても重宝しますよ。

カチューシャやヘアバンドなど髪飾りを欠かすことはほとんどありません。スカーフをターバン風に巻くのも定番。折りたたんで下から髪を包み込んだら頭の上できゅっとねじり、下で結ぶだけ。きれいな色はグレイヘアにも映えるので、髪をまとめるには最高ね。

1

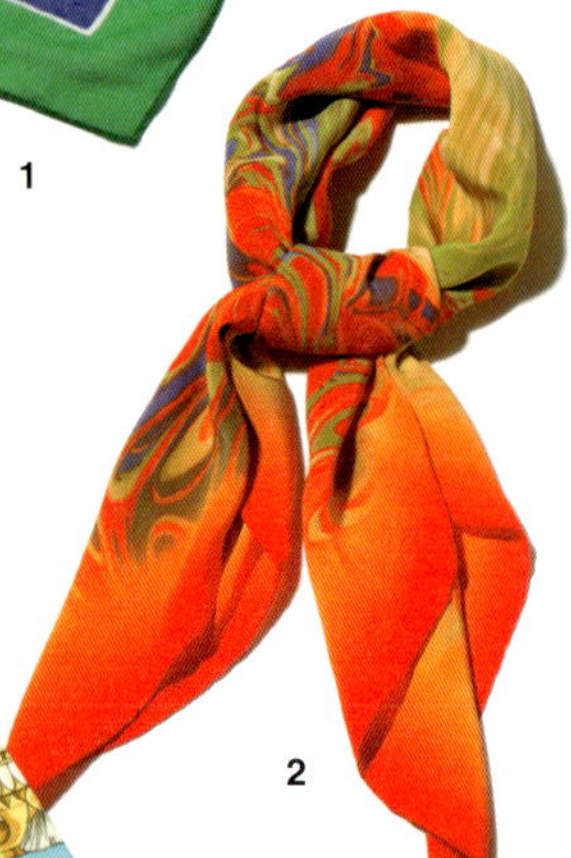

2

3

Silk Scarf
「アクセサリー感覚で髪にも胸元にも」

スカーフをどうあしらうか、アイデアは無限にあります。その日の気分や洋服によって、いつも結び方や巻き方を変えていますが、ピタッと決まったときはうれしいわね。弾んだ気持ちで一日過ごすことができます。

決まりはないので、とにかく使い慣れることしかないんじゃないかしら。億劫がらず、アクセサリー感覚で自由にあれこれ試してみてくださいね。

三角に折ったスカーフをかぶり、後ろで交差させてから先をおでこの上で結ぶ。後ろの三角は交差部分に入れ込んで。

夫は海外に行くたびスカーフをおみやげに買ってきてくれたけれど、このファーストエルメスはやっぱり特別。

細かいプリントの華やかなことといったら。マンテロのスカーフをあしらうと、こげ茶のニットが見違えます。

白シャツの襟元に沿うようにゆったりめに巻いて結んで。結び目はちょっと横にもってくるとシャレた雰囲気に。

1 30年ほど前、色に惹かれて買ったシフォンのスカーフ。特に春夏、差し色として出番多し。**2** レ・コパンのスカーフは華やかな色とやわらかな質感が、ヘアアレンジに使うのにもってこい。**3** 両方とも夫のおみやげです。ターコイズブルーは30代前半、左のゴールドは22歳だったかしら。

SELF-VINTAGE

「似合うとわかっている服は、何十年でも着ましょう」

さぞかし家に納まりきらないほど服を持っているのだろう……などとお思いかもしれません。ところが、そうでもないのです。なぜなら私、服はもうそんなに買わないですし、買い物自体ものすごく慎重。「とりあえず買う」ことは絶対ありません。それに昔買った服の多くは手放してしまったの。30〜40年前ずいぶんと投資したブランドものなんて、今思うともったいないことをしました。長い間愛されるブランドにはやはり意味があって、捨てずにとっておいたら、今なら自分なりに着こなすことができたのに。修業が足りなかったわね。

捨てられずに手元に残しているのは思い出のある服、それから生地がいいもの。ずっと着続けている服もあれば、久しぶりに袖を通してみたら「あら、新鮮」っていう服もあります。好きなものが似合うもの。好きな服を大切に慈しんで共に時間を重ねていけば、おしゃれはほかの誰のものでもない、自分のものになっていくと信じています。

50年モノのコート

このミス ディオールのコートは、昔モデルとして受注会で着たときにひと目惚れして買ったもの。ボタンこそ付け替えましたが、鮮やかなターコイズブルーは健在。きれいでしょ。襟の形がさすがにクラシックなので、スカーフでちょっと工夫して着てみました。

30年来飽くことなくずっと着ているのが、このイッセイ ミヤケのセットアップです。とにかくシルクが分厚くて光沢があって。上質な素材だからくたびれないんです。ぶらぶら街歩きをするときにもよく着ますし、シワにならないからバカンスに持っていくにも便利。

30年モノの
セットアップ

BIG JEWELRY

「首や手がきれいに見えるから、アクセサリーはボリュームたっぷりに」

ピアス、ネックレス、バングル、それに髪飾り。アクセサリーはボリュームたっぷり、これでもかと重ねるのが私の流儀です。なんのために？　それは、もちろん目くらましですよ。

顔のシミも、首のシワも、二の腕のたるみも、年を重ねればしょうがないじゃない。アンチエイジングは時の流れに抗うみたいで興味がないし、運動も嫌い。だからといって隠してばかりはいられないから、私は気にせず見せることにしています。ノースリーブだって平気。ただ、きれいに見せる努力を惜しんではいけないと思います。そんなとき頼りになるのがアクセサリーなのです。

私、年齢を刻んだ肌は、その人が生きてきた人生の豊かさの証だと思うのです。理想は、ゴージャスなアクセサリーにちっとも負けていないヨーロッパのマダムたち。堂々と、ボリュームたっぷりのアクセサリーを楽しむ。これもまた、今だからこそできるおしゃれではないかしら。

ピアスを欠かすことはありません。ペンダントは2本使い。大好きなバングルは、右にも左にもたっぷり重ねちゃう。ノースリーブならこれくらのボリュームがちょうどいいわね。シルバーの凜とした光もいいけれど、私は華やかさのあるゴールドに、より惹かれます。

「ピアスなしでいることは まずないわね」

私にとってピアスは顔の一部。顔のいちばん近いところに素敵なピアスをしていれば、ぱっと目がいくでしょう。視線を集めることで、肌にもハリが出てくるのではないかしら。ひと粒のパールも好きだけれど、大ぶりなゴールドをガツンともってきたい日も。

かわいい色ところんとした形が遊びをプラスしたいときにぴったり。

「バングルは 手元に自信をくれるの」

肌の衰えには逆らえないけれど、それもまた人生を重ねた証。カフェがお休みの日には、1日だけのために真っ赤なマニキュアを塗って、手元にはバングルを重ねてお出かけ。枯れた質感だからこそ、迫力のあるものやボリューム感が似合うように思います。

大ぶりなバングルが好き。(右)ロジェ・ヴィヴィエの鼈甲はお出かけ用に。(左)ずっと欲しかったティファニーのボーンカフは2年前に購入。

「じゃらじゃら ネックレス大好き！」

首元にじゃらじゃらとしたネックレスやきれいなスカーフなど遠くからも目を引くアクセサリーを欠かさないのは、視線を上に集めることを意識しているから。顔周りを華やかに演出してあげることが大事ですよ。華奢なネックレスなんて見えないでしょ。

1 グリーンのニットに合わせて翡翠のペンダントをコーディネート。
2 エルメスのスカーフリングをペンダントにし、ティファニーのペンダントに重ねづけ。
3 ペンダントは2本ともシャネルのヴィンテージ。視線が下がるので、まのびしないように首元にスカーフをあしらうのもポイントです。

3

「ペンダントは 2本重ねが マイルール」

バロックパールのネックレスは自作。白シャツによく合わせます。

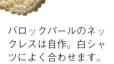

レジィーナロマンティコの錨柄のジャケットは本当に便利。大好きです。絶妙なショート丈がデニムとも相性抜群。このジャケットに紺のパンツじゃ、あまりに退屈。ストレッチが効いていて、シワになりにくいところも気に入っています。インナーは柄違いのジレ。

CASUAL JACKET

「普段着にもジャケットは便利」

大昔に買ったクリツィアのジャケット。最近またビッグシルエットが人気みたいなので、20年ぶりくらいに復活させてみました。ジャケットだけでなくバッグも靴も年季の入ったセルフヴィンテージ。ジャケットの赤にリンクさせたソックスにも注目してくださいね。

ジャケットを普段着としてカジュアルな雰囲気で着るのも楽しいわね。ストレッチが効いていて動きやすい素材は、仕事着としても優秀。きちんとおしゃれしている感も出せるので、店でもよく着ています。カーディガンのような感覚ですね。

カジュアルな装いも大好きだけれど、あまりにカジュアルすぎるのも、どうかと思います。たとえばトレーナーにジーンズみたいな格好は、私にはとても無理。まったく似合いません。カジュアルでも、ある程度クラスアップした着こなしのほうが落ち着きます。その点、ジャケットはぴったりのアイテムだと思うの。もし仕舞い込んでいるジャケットがあるなら、カジュアルに着てみることもおすすめです。

ロジェ・ヴィヴィエは、艶やかなパテントがやっぱり好きですね。パンプスは基本黒が多いのですが、あまりにきれいなパープルに心惹かれて手にしてしまいました。華奢すぎず、かといって決して無骨ではない洗練されたヒールも、脚を美しく見せてくれるポイント。

MIDDLE HEELS

「いちばん出番が多い靴は、脚がきれいに見えるミドルヒール」

靴を選ぶポイントは、足元がきれいに見えることに尽きます。甲のデザインやヒールの形をじっくりと吟味。流行は関係ありません。マイ定番といえるシンプルなデザインを選べば、長く履き続けることができますから。

以前はハイヒールがメインだったのですが、最近は5〜6センチのミドルヒールに出番を譲ることが多くなりました。安全を考えるとやっぱりね。

いちばんのお気に入りはロジェ・ヴィヴィエ。スクエアなバックルをデザインしたおなじみのパンプスが、この年になってようやく似合うようになったと思います。奇しくも、憧れてやまないカトリーヌ・ドヌーヴの『昼顔』で一世を風靡した名品。靴は、生涯ロジェ・ヴィヴィエでいきたいものね。

「気分を上げてくれるのは、美しい靴かお茶目な靴」

ジュゼッペ・ザノッティのミュールは、カジュアルにもドレスにも。

靴って不思議ね。まるでジュエリーのような美しい靴に出会うと、危ないだの、長い時間歩けないだの、実用をジャッジする理性などどこへやら。ついよろめいてしまいます。ベルベットに羽をあしらったセルジオ・ロッシのパンプス（写真下右）なんて、素敵でしょう。日常ではなかなか出番がないけれど、この靴を履いてドレスアップをして……と思い描くだけでも夢見心地な気分に浸ることができます。

「ジュエリーみたいな靴にときめきます」

ビジューをあしらったエレガントなサンダルはもっぱらパーティ用。

「ローファーは色で遊び心を」

3

2

1

1・2 数ある中でも、このトリコロールのローファーは抜け感もあって、本当に使えるの。**3** コートの色に合わせたターコイズブルーのローファー。エルメスは、さすがに発色がきれい。

4
5

「ウエスタンブーツを着こなしのスパイスに」

足元で遊びたいときは、カラフルなぺたんこ靴やウエスタンブーツが活躍します。近頃はおしゃれなスニーカーもたくさんありますが、私は基本ローファー派です。長年愛用しているのはグッチ。足に合うのか、私にとってこれほど楽な靴はほかにありません。ウエスタンブーツもたびたび登場。ほどよくカジュアルダウンさせながら、格好のアクセントになってくれるのです。

4 キラキラのウエスタンブーツがポイント。**5** シンプルシックなスタイルにあえてカジュアルなブーツをプラスするのも楽しい。

MADAME IN DENIM

「デニムのマダムもいいじゃない?」

旅先で偶然にもかぶってしまったボーダー×デニムの母娘。私は赤をポイントに。年齢や個性によってその人なりの味付けができるのもベーシックの魅力。

デニムもよくはきます。生地がやわらかめで細身のシルエット、ハイライズのものをセレクトショップで買うことが多いですね。70代の今だからこそデニム、悪くないじゃない?

デニムのおしゃれで気をつけているのは、ルーズになりすぎないことです。若い子のようにTシャツとジーンズでさまになるというわけではないので、上質な小物を合わせるとか、色を効かせるとか、コーディネートには心を配りたいもの。いちばんのご法度は、デニムの下にストッキングをはくことだと思います。落ち感が乱れるし、みっともない。私は常に素足かソックス。面積は小さくても、ソックスはおしゃれに効く楽しい小物ですよ。

デニムとボーダーニットとの組み合わせは永遠ですね。首元にきれいな色のカシミアのストール、足元はグッチのローファー。裾は小さくロールアップするとこなれた印象に。ここ「ラ・スリーズ」もまた、私の「好き」が詰まった大切な空間です。最近では、こんなふうにリラックスしたスタイルで、店のソファに座ってお客さまとおしゃべりする時間も増えました。

DELICATE HOSIERY

「スカートには、ストッキングかカラータイツを。絶対」

　スカートには、必ずストッキングやタイツを合わせます。夏でも素足なんて絶対ありえません。というのも、血管が浮き出た膝の裏側が、私にとって最大の弱点なのです。ここを人様に見せるなんて、とてもとても恥ずかしくて考えられません。年齢を重ねれば、老いのしるしがあちこちに表れるのは当然のことです。でも手の衰えも首のシワも、私は少しも気にならないの。むしろアクセサリーやスカーフを生かすことができてうれしいわ、って頑張ることができる。だけど膝の裏だけはダメ。だから隠す術《すべ》が必要なのです。

　というわけで、ストッキングやカラータイツにも妥協はしません。ストッキングはランバンのソワレ（黒）かグレイ系が定番。透明感があってとても気に入っています。繊細なレースのストッキングも大好き。シーズンごとに新調するためにお店に出かけるのも密かな楽しみです。厄介な欠点にも、こんなふうに喜びを見出すことができたら幸せね。

刺繍やビジューがあしらわれたストッキングをシンプルなスカートやワンピースに合わせると、全身にエレガントな表情が生まれます。こんなストッキングを扱うときは、必ず白い手袋をはめます。それくらい繊細ではかなげなの。

FAST FASHION

「若い子の店にも行ってみましょう」

ビッグシルエットのセーターもZARA。インスタにアップしたらお褒めの言葉をいただきました。ちょっとした快感ね。

ZARAで見つけたGジャンをプリントのワンピースに重ねて。ゆったりしたシルエットが使いやすくて、普段に活躍中。

遅まきながらZARAデビューしました。たまたまピクニックに行く遊び服を探していたとき、娘が連れていってくれたの。あら、おもしろいじゃない、と開眼して以来、二人で出かけるときにときどきのぞくようになりました。流行を追いかけることはまったくしないので、いわゆるファストファッションとは縁がなかったのですが、あえてのお遊びコーディネートと割り切ると、使えるアイテムが結構あるのです。

サイドにラインが入ったデニムを初めてお披露目したときはすごく褒められて「ZARAよ」って種明かししたら、みんなびっくり！　自慢しちゃいました。意外性もおしゃれのスパイス。自分のベーシックに取り入れて、新しい風を吹かせてみてはいかがでしょう。

赤いライン入りのデニムは、かわいいコーディネートのアイデアが広がるすぐれもの。プリントのシャツを合わせて、髪飾りもいつもより大きめのリボンにしてみました。足元には必ず上等な靴をもってこないとね。刺激された友人たちが思わず買いに走ったそう。

DRESS UP

「人生には、思い切り ドレスアップする ことも必要よ」

アカデミー賞やカンヌ映画祭のレッドカーペットなどで、心の底から素敵だわと見惚れてしまうのは、年齢を重ねたベテラン女優たちのシンプルでエレガントなドレスアップスタイルです。世界から視線を集める大舞台での装いですから、メイクも髪型もジュエリーも……ともすれば何もかもこってり足してしまいがちだけれど、そこは数多の人生経験を重ねておしゃれを楽しんできたからこその余裕。上手に引き算をしたシンプルな装いからは、内面の成熟した美しさが香り立つようだと思いませんか。

翻《ひるがえ》って、私たちに思い切りドレスアップする機会がそうあるわけではありません。でも、非日常のための服を持っていることも、心の豊かさにつながるのではないかと思うのです。いつ着ようかしら、と考えるのも楽しいじゃない。とっておきのドレスをまとうときは、気負わずシンプルに。目指すは、内面からにじみ出るエレガンスですよ。

カットベルベットに刺繍をちりばめたレ・コパンのドレス。このドレスの魅力を生かすためには下着もつけられないの。透けてしまいますから。アクセサリーは控えめにして、髪もダウンスタイルでさりげなく。一度ディナーショーに出かけたときに登場したきりですが、また着てみたいわ。

第2章

マダム・チェリーのグレイヘア論

GRAY HAIR BEAUTY

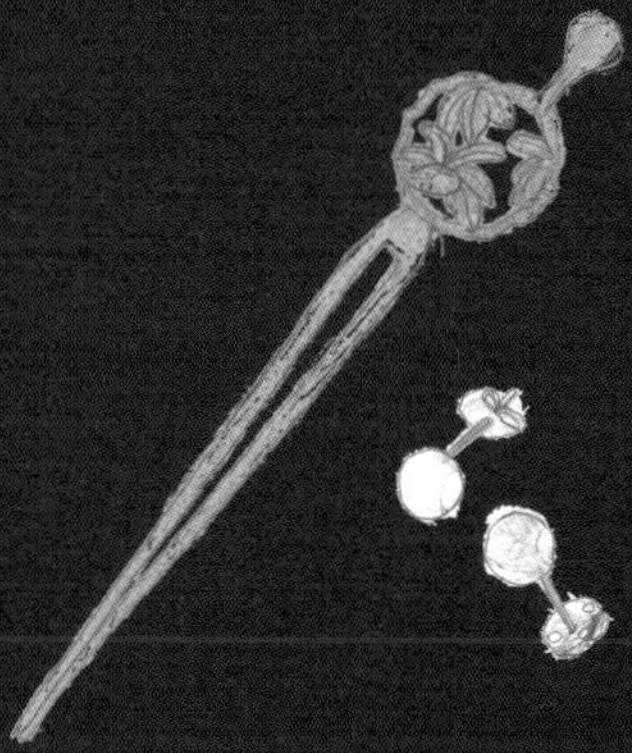

グレイヘアは、より素敵で魅力を増した
ネクストステージの扉を開いてくれる鍵です。
どんなスタイルにして、おしゃれやメイクを
どう楽しもうかしら……。
将来への希望を込めて、喜びに変えてください。

MY GRAY HAIR JOURNEY

「グレイヘアは時間をかけて育てるものよ」

髪が白くなり始めたのは40代のこと。メッシュみたいに入り始めて、私、「きれいだな」と思ったの。以来、一度も染めたことはありません。

40代って難しい年代ですよね。体型も変わっておしゃれがなんだか決まらなくなるし、シミ、シワ、たるみ……老いがいきなり押し寄せてどうしていいかわからない。私もそうでした。娘も年頃になって離れていこうとしていましたし、更年期の症状にも悩まされました。人生でいちばん閉じこもっていたわね。だらしのない時代でした。

ようやく抜け出せたのは50代になってから。きっかけは犬を飼ったこと。大きくていたずら好きなラブラドールレトリバーの男の子。彼のおかげで、自然の中にどんどん出かけるようになったのです。山に入り、日本中の温泉地を巡り。自然に触れて精神的な豊かさを得たことで、人生の足踏み状態から抜け出せたように思います。気がついたら、髪もほどよくグレイに進化していました。

髪をのばそうと思ったのはグレイヘアになってから。シニヨンや夜会巻きにすればすごくエレガントだわ、と思ったのです。大好きな髪飾りも楽しめるし、赤口紅も映えるでしょ。グレイヘアは人生を重ねたご褒美のようね。

「グレイヘアには眼鏡が似合うの」

眼鏡が手放せなくなって久しいけれど、これもまたおしゃれに効く大事な小物のひとつ。ハイブランドからお手軽なものまであれこれ揃えてアクセサリーみたいに楽しんでいます。こんな赤いフレームやちょっとクセのあるデザインもグレイヘアが受け止めてくれるの。

「ブラッシングはケアの基本ね」

娘がプレゼントしてくれたアヴェダのパドル ブラシで、朝やお風呂の前などにこまめにブラッシングを心がけています。シャンプー前とタオルドライした後には、モロッカンオイルでマッサージを欠かさずに。髪が傷む気がするので、ヘアドライヤーはあまり使わず自然乾燥することもしばしば。

なんて白いシャツが似合うのかしら！　髪が白くなり始めて真っ先に思いました。ちょうど西麻布のケーキ店「ドゥリエール」でお手伝いをしていた頃だったので、白シャツが日常の定番だったのです。周りから「きれいね」と褒めてもらうのもうれしくて、染めようなんて考えもしませんでした。

昔から強いくせが悩みでショートの時代が長かったのですが、のばしてまとめ髪にすればエレガントにいけるのではと方向を定め、今に至ります。正解でした。何かしら変化の兆しを見つけたら、失うことを嘆くのではなく、さあ、どう利用してより素敵な女性になっていこうかと前向きにとらえてみる。変化の節目を見逃さず、チャンスに変えることも大切ですよ。

マダム・チェリーがグレイヘアになるまで

強いくせを生かしたショートスタイルが多かったけれど、のばそうと決意。

髪がグレイに変わっていくにつれて、メイクにも少しずつ変化が訪れました。

50代に入って、人生も新たなステージへ。大好きなカチューシャスタイルで。

40代後半の迷走期は、髪もファッションも決まらなくて。消し去りたいわね。

メッシュを入れたみたいに白くなり始めた40代前半。褒められてうれしかった。

「ふわっとポニーテールにすることも」

普段は結い上げていることが多いのですが、たまにはこんなポニーテールも。グレイヘアは老いの象徴のように思われるかもしれないけれど、実はすごく華やかで遊べるということを忘れないで。

30 SECONDS HAIRSTYLE

「30秒で夜会巻き、が私の基本」

1

まず両手で髪を低い位置で束ねる。

2

根元を左手の親指と人差し指でしっかりと挟んで、右手で毛束を頭頂部方向へ。

3

根元の位置をくっと上げたら、毛束を指に巻きつけていく。

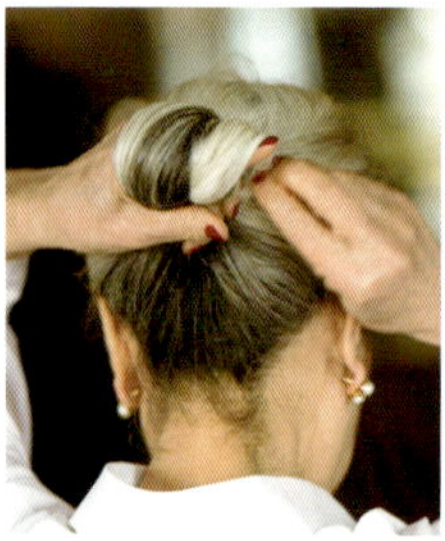

4

毛先まで入れ込んだら、巻きつけた状態のまま左手から右手に毛束を持ち替えて、さらにねじり上げる。

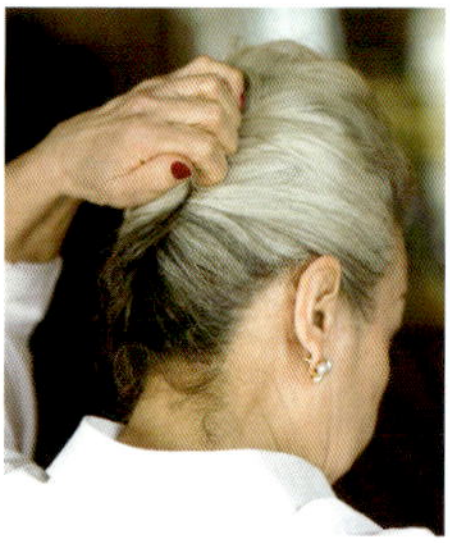

5

指を使って、入れ込んだ部分の形を整える。

6

左手で押さえたまま、ほつれないように3ヵ所ほどピンをさす。ピンは口を使って開く。

7

バランスを見ながらピンを使って、頭頂部と前髪がふわりとなるようにボリュームを調整。

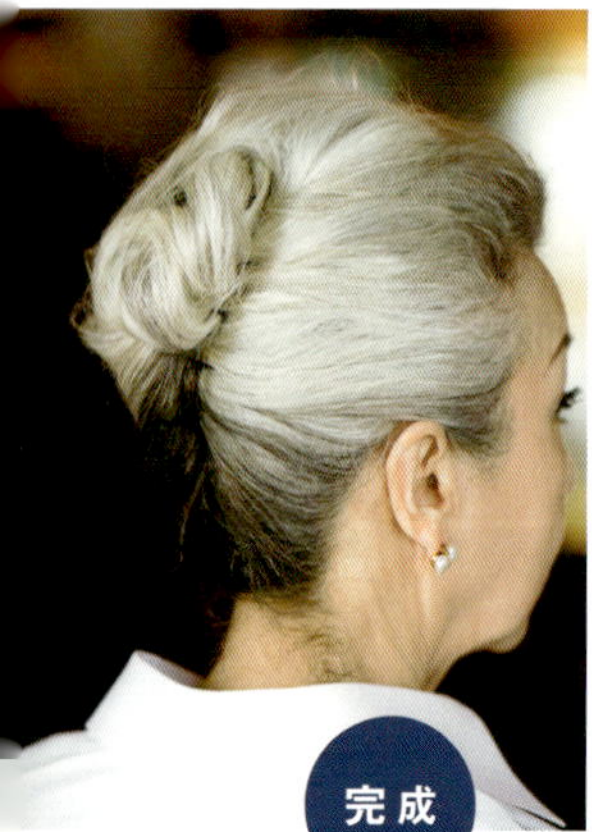

完成

決めすぎずラフにまとめるのがチェリー流。おなじみ夜会巻きスタイルのできあがり。

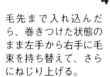

店ではまとめ髪が基本。店を始めた頃は、いつも白シャツに黒いエプロン姿でした。パリのカフェのギャルソンのように、きちんとしたスタイルでお客さまをお迎えしたかったの。今は私服を楽しみに訪ねてくださる方も多いので、普段のおしゃれを楽しんでいます。

DRESS UP HAIRSTYLE

「お出かけバージョンの夜会巻きは、高さを出して華やかに」

1

ボリューム感を出したいので、まずカーラーで巻いてからスタート。

2

髪を束ねたら、根元をくっと高い位置にもってくる。

3

高い位置をキープしつつ、根元を左手の指で挟んで右手で毛束を巻きつけながらまとめる。

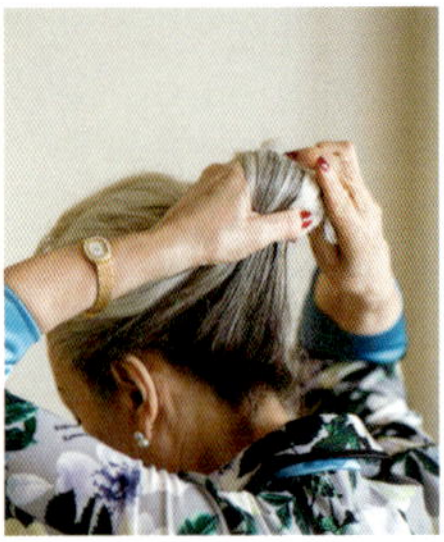

4

毛先まで入れ込んで、巻きつけた状態の毛束を左手から右手に持ち替え、ねじり上げる。

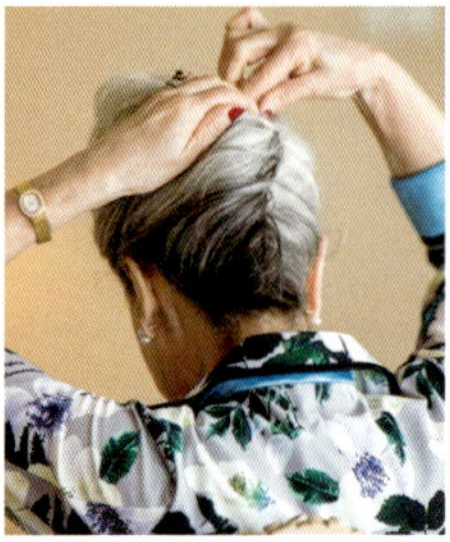

5

形を整えながら、髪がほつれ落ちてこないように、口を使って開いたピンで留める。

6

櫛の柄を使って、前髪と前頭部にボリュームを出す。

7

前髪のボリューム感を強調するために、サイドはタイトに押さえて。

完成

グログランリボンのカチューシャで仕上げ。前髪と頭頂部のふんわり感がポイントです。

とびきりのおしゃれをして宝塚へ。至福のときです。花柄のスーツはレジィーナロマンティコのもの。華やかな装いに弾む気持ちを投影します。ヘアもメイクも、いつもより手をかけて念入りに。こうやってパンフレットを持つだけでも、笑みがこぼれてしまうわ。

HAIR ACCESSORIES

「みんな、髪飾りをもっと着けたらいいと思うわ」

髪飾りって女らしいでしょう。大好きです。昔からよく使っていましたが、グレイヘアになってから髪飾りのおしゃれがいっそうバリエーション豊かに広がりました。カチューシャにシュシュ、かんざしにヘアバンド。最後に加えるだけでコーディネートがぴたっと決まります。髪飾りには、おしゃれの完成度を上げる力があると思うの。ベロアのシュシュなんて、ひとつ持っているとまとめ髪には本当に重宝しますよ。

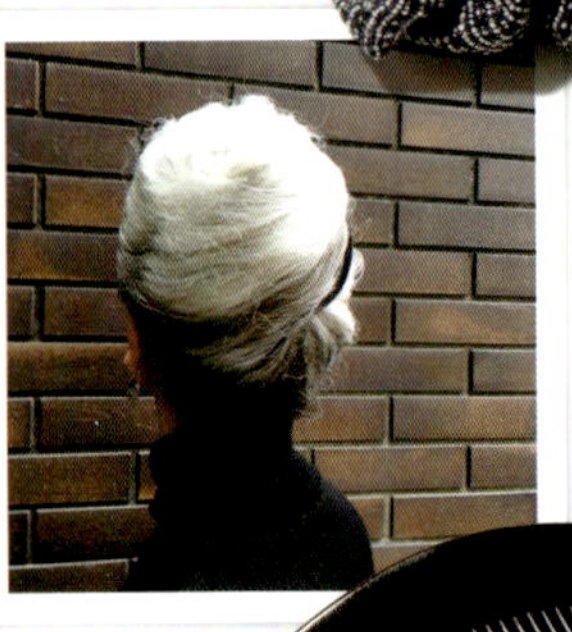

祖母が丸髷に使っていたつげ櫛をまとめ髪にさしてみました。普段から夜会巻きに愛用。

モダンな雰囲気のシンプルな中差し（笄《こうがい》）は、着物のときだけでなく、普段のおしゃれにもどんどん使います。ラフにまとめたアップスタイルにぴったり。

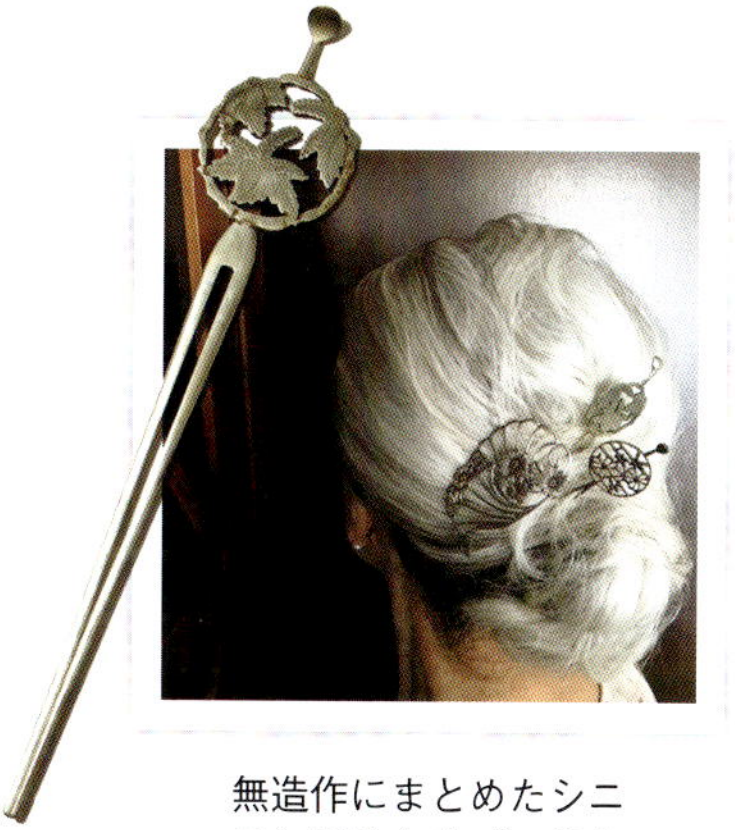

無造作にまとめたシニヨンにはシルバーのかんざしを。3本とも祖母から譲り受けたもの。

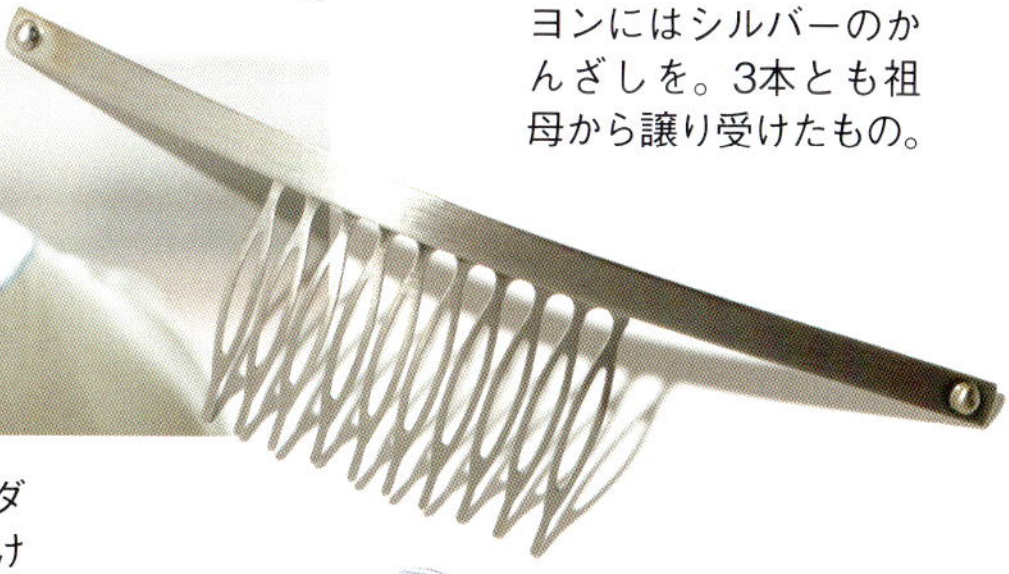

水牛の角のかんざしにシルバーのコーム。ダブル使いも得意技です。自分では見えないけれど、印象的な後ろ姿がはっと目を引く。隅々にまでおしゃれ心を行き届かせたいの。

涼やかな夏の着こなしに似合いそうな水色のターバンは、ZARA HOMEで見つけました。

大きなリボンを目立たせるためヘアはコンパクトにアレンジ。楽しい気分が盛り上がります。

大きいリボンだけれど頭に沿う形できれいでしょう。グレイヘアにもしっくりなじみます。

CHERRY'S MAKE-UP

「グレイヘアには きちんとメイクが 必要です」

グレイヘアの場合、お顔は気にかけてきちんとメイクしないと負けてしまうのではないかしら。私自身、髪の変化と共に手探りしながら今のメイクが出来上がっていったと思います。

「自分の肌色、目の色、骨格を知ることがすべて」

メイクはまったくの自己流です。雑誌や何かを参考にすることは、まずありません。いわゆるメイクの常識からいえば、はずれていることもたくさんあるはず。それでも、長い時間付き合い、研究してきた顔をいちばんよく知っているのは自分ですから。これは、おしゃれと同じ。人の手まかせにしていたり、時々の流行や情報に流されていては、いつまでたってもメイクに自信が持てないのではと思います。肌の色や質感、目の色、骨格……自分の顔をよく知ることがすべてなのです。

「手は神さまがくださった最上の道具」

ファンデーションを塗るとき、スポンジは使いません。リキッドタイプのファンデーションを手にとって、ていねいに顔全体にのばしていきます。両手で顔を包み込むように肌を温めながら。これ、私にとってはマッサージ替わり。普段からまめにお手入れしているわけではないので、毎日のメイクの時間を借りてマッサージしてしまおうというずぼらな発想です。でも手で直接肌に触れると、その日のコンディションがてきめんにわかるのです。神さまは、なんと素晴らしい道具を授けてくださったのでしょう。

「余計なことはしない。でも、ひとつひとつのプロセスはていねいに」

たとえば肌。シミやシワを隠そうと手をかけるあまり厚塗りになってかえって老け顔になってしまうこと、ありませんか。私は、普段お粉もはたきません。余計な化粧品は使わずに、工程はできるだけシンプルに。そのかわり、それぞれのプロセスはていねいに、が私のモットーです。欠かせない相棒は手鏡。思い切り近づけたり、首が痛くなるほど上を向いてかざしたり、正面だけでなく上下左右の確認も怠りなく。

すーっとのびて、フィット感も抜群。ツヤ感もお気に入りの逸品。最近はもっぱら江原道のアクアファンデーションを使っています。

「アートメイクには大反対！」

70年代、ご多分にもれず眉を抜いて流行を謳歌したがために、眉尻は途切れたまま。ご同輩も少なくないのではと思います。眉を描かずに人様の前に出るのはさすがにはばかられ、正直面倒だなと思うときもあるのですが、だからといってアートメイクには賛成できません。眉の形と色を決めてしまうなんて！　しかもノーメイクのときに眉だけバッチリというのも変でしょ。自分の眉には責任をもって、毎日つくりたいものです。

アイライナーは黒のリキッドと決めています。これはメイベリンのハイパーシャープ ライナー。アイラインをひくときは、思い切り顔を上向きにするのがコツ。

「グレイの眉は老け顔の元。今は明るい茶系が定番」

以前はグレイのアイブロウで眉を描いていたのですが、グレイでは少し強すぎてちょっと厳しいかな、とあるとき気がつきました。そこで明るいブラウン系にチェンジ。やわらかな雰囲気が、今のメイクにはふさわしいと思います。アイブロウはインウイを愛用しています。

マスカラは目尻側に毛流れをつくりながら塗り重ねていきます。メイベリンのスナップスカラを愛用。

いろいろ試した挙げ句に行き着いたのが、インウイのアイブロウペンシル。絶妙な色もさることながら、芯の細さ、柔らかさが秀逸。残念ながらもう廃番だそう。

「ビューラーは絶対使いません」

おかげさまで年齢のわりにはまつ毛が多く、自然にカールしています。エクステなど考えたこともないですし、ビューラーすら使いません。それもこれも、まつ毛に負担をかけることで抜けやすくなるように思うから。「ビューラー厳禁」は娘にも徹底させています。

「化粧品は値段ではなく、これ！というものをとことん探すべし」

何が自分に合うのか、使い勝手がいいのか。化粧品は、とにかく自分でいろいろ使ってみること。これ！と納得できるものは必ず見つかります。高級なブランドより、むしろお手頃価格で身近で手に入るもののほうがいいということも。値段は関係ありません。

第3章

顔よりも
心に効かせる
アンチエイジング

ANTI-AGING FOR MY MIND

お肌のお手入れは、ずぼらな我流。運動は嫌い。
アンチエイジングとは無縁の人生です。
それでも生き生きと楽しく毎日を過ごせるのは、
心にたっぷり栄養をあげているからだと思います。
案外効くものですよ。

「バスタイムは何より大事」

甘くて優しいロジェ・ガレのフィグの香りが大好き。

午前中にケーキを焼いて、お店を閉めるのはだいたい夜の9時くらい。週6日、20年近くこの生活を続けています。ただ娘が手伝ってくれるようになって最近は本当に頼りになるので、店にいる時間はだんだん短くなってきました。体力的にも昔のようにはいかないですしね。それでも慌ただしい毎日ですから、一日の終わりに大好きな香りに包まれてゆっくりとお風呂に入るのが、何よりのリラックス法であり、楽しみでもあります。

昔から変わらず大好きなのは、ロジェ・ガレの香り。「VOGUE」だったかしら、初めて広告写真を見たとき、なんて素敵！と心奪われました。でも当時はまだ日本に入っていなくて。ようやく日本でも買えるようになった頃、早速見つけて、以来、私の毎日に欠かせない香りとなりました。最初の頃は、あまりにいい香りなので使うのがもったいなくて、ソープを枕の下やクローゼットに入れたりしてね。最近お気に入りの仲間入りをしたのは、お客さまにいただいたハンガリアンオイルです。お風呂に入り汗が出てきたら、オイルを手にとってマッサージするのが、私が実践している数少ないスキンケア。香りも自然でやさしいの。好きな香りに満たされると、気持ちも穏やかに和らいで、肌も変わっていくのではないかしら。

TAKARAZUKA

「私にとって宝塚は“目から摂るコラーゲン”」

いつから宝塚が好きだったかなんて覚えていません。とにかく子供の頃から好きで好きで。きらびやかな世界に憧れ、恋い焦がれ、夢をたくさんいただきながら時を重ねてきました。ええ、私、筋金入りの宝塚ファンです。

劇場に足を運ぶのは月に2～3回でしょうか。おしゃれには、それはそれは一段と気合が入ります。だって、素敵な舞台を見せてくださるスターへの精一杯の感謝の気持ちを、おしゃれに託したいじゃないですか。以前は、特に初日と楽日は、ものすごく張り切ったものです。今はそこまで気張りはしませんが、それでもとびっきりのおしゃれをして劇場に向かう昂揚感は、何物にも代え難いものなのです。

開演前、客席に向かいながらゆっくり階段を下りていくと、両脇から視線がふわーっと集まってくるの。このときの快感といったら。私を見て！　そんな自信に溢れた気分を味わえるのも、宝塚の魔力というもの。観てうれしく、見られることでまたおしゃれへの意欲がわく。宝塚は、私にとっては「目から摂るコラーゲン」です。

いつ観てもドキドキする楽しみを生涯持ち続けることができた私は、なんて幸せ者なのでしょう。

「楽しくおしゃべり、という顔の筋トレ」

お店には、毎日のように顔を見せてくれる常連さんや友達もやって来ます。私にとっては、まるでリビングの延長のような場所。若い世代の人がいろいろなことを教えてくださるし、居ながらにして外の情報を得られるなんて、すごく得した気分です。モデルを始めてからは、出演したカタログを見て来てくださるお客さまも増えました。素敵な出会いは、何にも勝る財産ね。ありがたいことです。

賑やかな友人たちと語り合う時間も、かけがえのないもの。特に仲がいい3人、私を含め娘からは「四婆」と呼ばれていますが。性格もファッションも価値観もバラバラだけれど、みんなで過ごす時間が本当に楽しいの。人を束縛しない自由さがまた心地よくて。頻繁に会うわけではないのに、会うとたちまち時間が戻ってしまう。深いところでつながっている、これぞ真の友達だと思います。たっぷりおしゃべりをして、たくさん笑って表情筋アップ。私が唯一熱心に続けている筋トレね。

そう遠くない将来、シャネルのフューシャピンクか何かきれいな色のお洋服を着て、日がな一日窓辺の席でお客さまとおしゃべりできたらいいなと思っています。

「孫とのデートは楽しいわ」

孫のリアンをご紹介します。絵を描くのが上手でゲームが得意。クールに見えて、とっても素直で子供らしい心根を持った自慢のスウィートボーイ。私を「ちーたん」と呼びます。

旅行に食事に買い物に、彼と一緒だとお出かけがいっそう楽しくなります。ときには「ちーたんにはこれが似合うよ」なんてお見立てもしてくれるの。なかなかのセンスなんですよ。そう、宝塚も。以前はさっぱり興味を示さなかった娘のアンナが宝塚に目覚めてからというもの、親子三代で劇場に行く機会ができました。こうして脈々と「宝塚愛」は受け継がれていくのね。頼もしいわ。

70代に入って、そろそろ店は娘にまかせてのんびりしようかしらなどという考えが頭をよぎる一方で、いえいえ、もう少し頑張らなくちゃ、と背筋をしゃんと伸ばせるのは、リアンがいるから。彼の成長をなるべく長く見ていたいというのが、日々を生きる何よりの励みになっています。もちろん母親である娘と彼との関係を尊重したうえで、余計な口出しはせず、見守っていければいいなと。

娘と孫が近くにいてくれること、二人とも心から素直に気持ちを伝え合える存在であることに、感謝します。

クリスマス準備に
マーケットへ。
リアンもお手伝い

リアン5歳。
王子動物園で
はしゃいでまーす

リアン画伯の
腕前も
なかなかですよ

わが家の天使。
抱きしめずには
いられないわ

サングラスで
クールに決めて
はい、ポーズ！

京都へ。
竹林散策を
楽しみました

ANTIQUE

「大好きなアンティークに囲まれて」

アンティーク、とりわけ器やリネン類には弱いのです。若い頃からコツコツと買い集めてきたそれらを、どうしても捨てることはできないの。洋服はずいぶん手放してしまったというのにね。

東京に暮らして専業主婦をしていた時代、お客さまがしょっちゅういらっしゃる家だったので、毎日のように花を飾ってしつらえをしてお料理をつくることが日常でした。カーテンまで手づくりしたり。その頃は家の中で過ごす時間が長かったけれど、とても楽しかったの。それはきっと、好きなものだけに囲まれていたからだと思うのです。

信頼する目利きのいる骨董店で、旅先の外国で、自分の「好き」だけを頼りに集めたアンティークは、時代も出自もさまざま。だけど今になって見渡してみると、自然とテイストが揃っていて組み合わせがきくのです。考えてみれば洋服と同じ。アンティークの器などは、洋服よりもさらに長い時を超えて器同士でハーモニーを奏でてくれるわけです。すごいわね。

お店でお客さまと賑やかにおしゃべりする時間も愛おしいけれど、一人で家で過ごすのも幸せ。大好きな古伊万里の器においしいお茶を淹れてのんびり。それもまた至福のときです。

PERFUME & LINGERIE

香水は、ほぼ毎日つけます。その都度いろいろな種類を使い分けるのではなく、基本ひとつの香りを使い切るのがマイルール。香りが混ざってしまうのが好きではないのです。若い頃から愛用しているのは、イヴ・サンローランの「ＰＡＲＩＳ」やゲランの「シャリマー」。今は「ミス ディオール」が気に入っています。長く愛されている馥郁とした甘い香りが大好き。

見えないおしゃれといえばもうひとつ。美しいランジェリーにも心惹かれてやみません。ジャン＝ルイ・シェレルの繊細なレースなんて、本当にきれい。うっとりしてしまいます。昔は、機能無視でとにかくきれいなランジェリーを見つけたら、買っては身に着けていたものだけれど、最近は着心地優先に変わりました。肌に直接触れるものですから、質感は大事。肌をすべるような上質なシルクなら文句なしね。

目に見えるわけではないけれど、大好きな香りに包まれる安心感や、肌のいちばん近くに美しいランジェリーをまとう昂揚感は、きっと内側からにじみ出て、女性を幸せに見せてくれると思うのです。香水と美しいランジェリーもまた、私にとって欠かすことのできない、心の栄養です。

「香水と美しいランジェリーは、心の栄養ね」

第4章

愛しい
マイライフ

MY SWEET LIFE

思い出はすべて記憶の中に。
目を閉じれば、その時々の風景や彩り、
香りまで、鮮やかによみがえってきます。
愛情深く育ててくれた両親や最愛の人のこと。
少しお話ししましょうか。

おしゃれだった父と母

私のおしゃれ好きのルーツは、紛れもなく父と母にあると思います。ロシア人の父は、サファリジャケットにバミューダパンツなんていう格好で街を闊歩。母も負けてはいません。家の中でもハイヒールを履くほどエレガントだった彼女は、いつも手袋をして颯爽と。とびきりおしゃれな父や母に手を引かれて歩くことが、少し気恥ずかしくもあり、でも心の中ではとても誇らしかったものです。

戦後間もなく復興の途上であったとはいえ、生まれ育った神戸の街には東洋と西洋が交じりあった独特の雰囲気が溢れていました。流行の最先端、しかも舶来ものが揃う元町やトアロード界隈、港に往来する大きな外国客船。目を輝かせ、幼心に募らせた異国への憧れが、私の中には脈々と息づいているように思うのです。

既製品のない時代でしたから、洋服はトアロードで華僑が営むオーダーメイドの店でつくってもらいました。あるときなど、家のかわいいカーテンが私の服になっていてびっくり。楽しい思い出ね。

1

2

1 お気に入りのお人形をいつも抱えて。神戸の自宅前で2歳の頃。
2 宝塚の花のみちを劇場へと急ぐ母に連れられて。宝塚愛はしっかり受け継ぎました。

宝塚音楽学校、そしてモデル時代

物心ついたときから宝塚が大好き。何せ母が筋金入りの宝塚ファンでしたから。弟を抱っこして、幼い私を従えて宝塚に向かう花のみちを駆けだすように歩く母の写真を最近見つけて、思わず笑ってしまいました。熱烈な「宝塚愛」は私と弟にしっかりと受け継がれ、今に至るというわけです。高校を卒業した後、宝塚音楽学校に入ったのは、実は両親の希望が強かったから。私自身は舞台に憧れはあったけれど、それは「立つ」ことではなくあくまでも「観る」ことへの興味だったのね。

あの頃の音楽学校は、今ほど生活面にまで厳しい規律があったわけではなかったんじゃないかしら。もちろんお稽古は大変でしたし、先輩後輩の関係も厳格でした。でも記憶に残っているのは、同期たちと楽しく過ごした時間。かけがえのない絆をはぐくんだ2年間でした。

4

3

3 宝塚音楽学校で2年間を過ごした同期たちとの深い絆は今も変わらないまま。左端が私。
4 修学旅行で長野へ。制服も懐かしい。学びの日々は厳しかったけれど、今はいい時間を過ごさせてもらったと感謝しています。

結局、演じることに興味を抱けないまま卒業を迎え、一度も舞台に立つことはありませんでした。思うに165センチという私の身長だと娘役ではなく男役をやらなければいけない、それも嫌だったのね。だって、やるなら断然娘役ですよ。きれいなドレスを着て「おまえ」なんて素敵な声で囁かれたいじゃない。

同じ頃、東宝にいらしたプロデューサーの藤本真澄《さねずみ》さんに女優を勧められてカメラテストまで受けたのですが、あがり症な上に大勢の人の前で演技をするなんて、とても無理。タカラジェンヌにしろ女優にしろ、つくづく演じることには向いていないと思い知らされた私は、でもモデルなら楽しくできるんじゃないかしらと考えたのです。モデルなら一人でできるし、演技をしなくてもショーで歩いて、服がきれいに見えることだけを考えればいい。何よりおしゃれが大好きでしたから。

20歳で大阪の事務所に所属して、神戸と東京を行ったり来たりしながらショーを中心にモデルをやりました。60年代後半はハーフブームに火がついた時代。広告の仕事などもずいぶんやらせていただきました。宝塚のきらびやかな舞台に立つよりも、自分には向いていると信じて選んだモデルという仕事は、ええ、とても楽しかったですよ。たった4年のモデル業でしたけど。

1

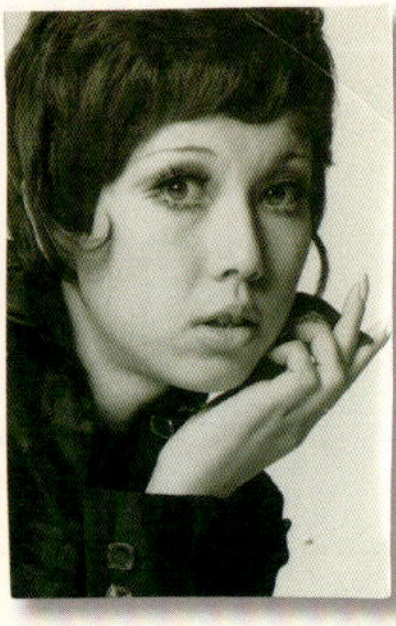
2

3

1 モデルを始めたばかりの20歳頃。宝塚大劇場の前で。**2** ショーでの活動が中心で、スチール撮影は少なかったと記憶しています。1960年代後半、時代を感じさせるヘア&メイクね。**3**「イエイエ」で一世を風靡したレナウンの広告にも起用されました。中央が私。

運命の人

あるとき「VAN JACKET」のショーのオーディションに出かけた私に、運命の出会いが待っていました。その人をひと目見た瞬間、まるで雷に打たれたように体中が震えました。直感的に思ったの。「絶対この人と結婚する」って。すごいでしょう。当時広報部に所属していたその人こそが、夫となった人です。

最初は遠距離恋愛でしたから、東京でデートするときは、服がシワにならないように別の服を着て出かけて新幹線のトイレの中で着替えたりしたものです。それくらい気合を入れて、目一杯おしゃれをしていました。面倒だなんてちっとも思わなかった。

結婚は24歳のとき。神戸から東京へと嫁ぎ、モデル業はきっぱりとやめました。私、潔いんです。娘を授かり、子育てにいそしみながら、母として妻として過ごした専業主婦の時代も懐かしく思い出されます。お客さまの多い家で、毎日のように誰か来ていたわね。

VANを辞めて仲間たちと広告会社を立ち上げた夫は、仕事で海

4

5

6

4 婚約中、大阪万博へ。夫とは遠距離恋愛でしたが、いろいろなところへ連れていってくれました。5 公園でのなにげないスナップ。これも婚約していた頃ね。

6 結婚式は四谷の聖イグナチオ教会で挙げました。いかにも当時の「VAN男」といった風貌の新郎に寄り添う24歳の花嫁です。

外に出かけることも多くて、そのたびに素敵なおみやげを買ってきてくれたものです。初めてのエルメスのスカーフも彼からの贈り物。まだ日本には入っていなかったカルロス ファルチのバッグを頼んだときは、「高かったよー」なんて苦笑していましたっけ。同僚には「海外に行くと、ご主人はあなたの服ばかり探しているよ」なんてからかわれたり。どうやらサイズに迷ってワンピースを自分で試着するなんていうこともあったみたい。贅沢なものをドサッと買う人ではなかったけれど、センスのいい、とても愛情に溢れた贈り物をしてくれる人でした。

孫が生まれることを彼はとても喜んでいたけれど、当時すでに病床にあり、まるで入れ違いのように逝ってしまいました。最期が近づいた頃、私が感謝の言葉を伝えると、「ぽっぽ(私をそう呼んでいました)がそんなふうに言ってくれたらうれしいよ」。淡々とひと言。いつもの彼らしい言葉でした。

私ね、彼に初めて会ったときの身震いまで鮮やかに思い出すことができるの。今でもあの瞬間の喜びに胸がつまって、涙することすらあるんです。なんて幸せなんでしょう。これほどに幸せなことが一度でもあれば、人生何があろうと生きていけるのです。

結婚を機に神戸から東京へと引っ越しました。これは家族で避暑に出かけた軽井沢での1枚。娘のアンナが3歳の頃かしら。

突然、カフェを始めました

50代も半ばに近づいて娘も独り立ちし、このまま何もしないままでは、とぼんやり不安にかられた私は、カフェをやろうと思い立ちます。

昔アメリカ人のお宅で初めて食べたシフォンケーキに感動してレシピを伝授してもらいました。その後自分なりに改良してつくっていたら、縁あって、東京・西麻布にあったミルクレープ発祥の店「ドゥリエール」のお手伝いをさせていただくことに。裏方としてケーキを焼いたり、レシピを考案したり。そうした経験はあったものの、カフェの経営なんてまったく未知の世界。でも不安はなかったの。あまり考えないから。つくづく能天気ね。

その頃には、東京から神戸に住まいを移していました。あるとき犬の散歩がてら初めて通った道で、たまたま今の物件を見つけたのです。ここだ！とひらめいて、その場で早速不動産屋に連絡。不思議なご縁が重なり、とんとん拍子でカフェはオープンの日を迎えることに。2001年6月のことでした。

店の名は「ラ・スリーズ」。フランス語で「チェリー」を意味するかわいい名前を娘がつけてくれました。ロゴデザインは夫によるもの。芦屋で、しかも住宅街の真ん中でカフェをやるなんて、どれだけ怖いもの知らずなんだ……そんな声が耳に届いたのはずいぶん後になってから。多くのみなさんに支えていただいて店は18年を数えます。ありがたいことね。

46年ぶりのモデル復帰

2年前から、関西発のブランド「レジィーナロマンティコ」でモデルをさせていただいています。24歳できっぱり引退したモデルを半世紀近く時を経た今、それも70代の私が!?

きっかけは、オーナーデザイナーの角野元美さんが声をかけてくださったことでした。お電話をいただいたり、熱意のこもったお手紙をくださったり。でも、お断りしていたんです。だって、モデルをやっていたのは40年以上も前のことですよ。ポージングもできないし、体型もすっかり変わってしまったし。無理でしょ。

そんなやり取りが何度かあった後、たまたまカタログの撮影予定日が12月10日だということを伺ったのです。ハッとしました。その日は、私の70歳の誕生日だったの。これは「おやりなさい」という神さまのお告げかもしれない。運命にも似たご縁を感じて、新しい世界に飛び込もうと決心したのです。

今でも自信はないですよ。それでも、プロのモデルとしてではな

1

2

3

1 初めてのカタログ撮影も、実はあまり緊張はせず終始リラックスしたまま撮っていただけました。**2** 外国人のモデルさんと一緒に。**3** 着心地がよくて動きやすくて、何より女性を美しく見せるレジィーナロマンティコの華やかさに共感します。

く、ありのままの私を見ていただくという気持ちでやらせていただいています。いちばん大事なのは服を売ることですから、いかにきれいに服を見せるかに心を砕きます。

「マダム・チェリー」は、角野さんが名付けてくださいました。今でもちょっと恥ずかしいのだけれど。昨年からはインスタグラムも始めました。温かい言葉もたくさんいただきますし、思いがけず世界が広がったようで、とてもうれしい。励みになります。それに拝見していると、その方の人となりが伝わるような暮らしのひとこまを切り取った写真に出会って、「あら素敵」ってときめいたりね。

注目を集めるようになったか？　どうかしら。でも、こんな時代ですものね。どんな服を着て、どこで何を食べているか、以前よりも「見られる」機会は確かに増えたかもしれません。油断ならないです。娘には「ママ、すっぴんで出歩くのは絶対やめてね」って釘をさされています。今までは、店以外ではだらーっと過ごしてきましたから。

でもね、72歳の今、こんなふうに緊張感をもって日常を過ごすことができるなんて、すごいことです。油断ならないけれど、それもまた、喜びに変えていけるように思うのです。

4

5

4・5日本橋三越本店でのショーに参加させていただきました。ブランドの節目になる大切なショーだったので、頑張らねば！と気合を入れて。

人生でいちばん大切なこと

過去を振り返ることは、ほとんどありません。過ぎてしまったらもう終わり。たとえ落ち込むようなことがあっても、くよくよ引きずるなんて意味がないですから。でも、こうして昔の記憶をたどってみると、つくづくその時々の気持ちを大事に生きてきたのだなと思います。結婚を決めたときも、カフェを始めたときも、それから再びモデルをやってみようと踏み出したときも。自分の気持ちに素直に耳を傾けたから、新しい扉が開いて、想像もしなかったような大きな喜びをいただけたのだと思います。

素直でいる——私が人生でいちばん大切にしていることです。人に対しても、ものごとに対しても。決してたやすくはないけれど、努めて心をフラットにして何事もまっすぐに受け入れることができたら、もっと毎日を楽しく過ごせるのではないかしら。

昔からカトリーヌ・ドヌーヴが大好きです。それは、彼女がまさに自分にも他人にも一貫して素直に、人生を紡いできた人だと思うから。自分の気持ちに忠実に一生懸命生きてきたがゆえの強さとやさしさに、たまらなく惹かれます。特に中年になってからの魅力は、ファッションひとつをとっても堂々たる風格が物語っています。若い頃もきれいだったけれど、私は今の彼女のほうが断然美しいと思う。年齢を重ねた自分を素直に受け入れることで、あれほど素敵なプレゼントをもらえるのなら、年をとるのも悪くないじゃない。稀代の大女優がお手本なんて図々しい話だけれど、この年になっても憧れのまなざしで追い続けることができる人がいるなんて、とても幸せです。

若い頃は、私も鼻持ちならない女だったと思いますよ。心の底に「きれいなのは当たり前」みたいなおごった気持ちが巣食っていて、人に対してずいぶん突っ張っていたと思います。でも、そうしたおごりや人をかえりみない心の狭さは、女の人をきたなく見せるわね。心のやさしさは、必ず表情に表れる。そんな当たり前のことがわかるようになったのは50代を超えてから。70代の今、確信をもってかみしめています。人にやさしい気持ちになって初めてきれいになっていくと。

芦屋川が大好きです。春には桜が咲き、初夏にはホタルが舞う。家の近くに、こんなに美しくてくつろげる風景があるなんて幸せ。

おわりに

人生って、思いがけないことが起こるものです。70歳を過ぎて、またモデルをやることになったかと思えば、こうして本をつくる日が来ることなど、どうして想像できたでしょう。でも、だから人生って楽しいのだとも思います。

お手本なんて大げさなものではありません。手に取ってくださったみなさまにとって、この一冊が「あら、アクセサリーを足せば、白シャツもこういうふうに着られるのね」とか「口紅をもう少し赤くしてみようかしら」なんて、身近なおしゃれの小さなヒントになれば、とてもうれしく思います。

ファッションのお話を多くさせていただきましたが、私がお伝えしたかったのは、おしゃれに限らず、食べること、住まうこと、それから大切な人たちと過ごすこと……つまりは、日々の生活すべてを愛おしみ、一瞬一瞬をどうか楽しんでいただきたいということです。

過ぎ去った時間に思いを馳せるほどに、今の自分がどれほど幸せか思い知らされました。あらためて深くした家族への愛と共に。ありがとう。

スタッフ

デザイン	ないとうはなこ
撮影	野口貴司（San・Drago）
	武藤誠（本社写真部／P16、31-33、40-41、46-47、66-67、70-71静物）
ヘア&メイク	三橋ただし（ただし事務所）
編集協力	河合映江
取材協力	福安アンナ
イラスト	Lyan

撮影協力

神戸メリケンパークオリエンタルホテル
神戸市中央区波止場町5-6
TEL:078-325-8111

本書に掲載した服や小物は、すべて著者の私物です。
価格や取り扱い店舗などについてのお問い合わせにはお答えできないことを、ご了承ください。
また、各ブランドへのお問い合わせはご遠慮いただきますようお願いいたします。

マダム・チェリー

兵庫県・芦屋のカフェ「ラ・スリーズ」オーナー。1946年生まれ。
ロシア人の父と日本人の母をもつ。
宝塚音楽学校を卒業後、モデルとして活躍。
24歳で結婚、専業主婦を経て、2001年に芦屋にカフェをオープン。
友人によってFacebookに投稿されたマダム・チェリーの写真を偶然見たブランド
「レジィーナロマンティコ」のオーナーデザイナーより、ブランドのミューズとして請われ、
70歳でモデルとして復帰。日本橋三越本店やレジィーナロマンティコ本店での
ファッションショー、トークショーにも出演。
インスタグラム @madame.cherry1210

講談社の実用BOOK

マダム・チェリーの「人生《じんせい》が楽《たの》しくなるおしゃれ」

2019年6月26日　第1刷発行
2019年9月18日　第3刷発行

著者　マダム・チェリー

発行者　渡瀬昌彦
発行所　株式会社　講談社
〒112-8001　東京都文京区音羽2-12-21
編集　☎03-5395-3529
販売　☎03-5395-4415
業務　☎03-5395-3615

印刷所　大日本印刷株式会社
製本所　大口製本印刷株式会社

ISBN978-4-06-516100-5